Biblioteca Martins Fontes

Poetas franceses da Renascença

Pierre Ronsard (1524-1585)

Poetas franceses da Renascença

Seleção, apresentação e tradução
Mário Laranjeira

Martins Fontes
São Paulo 2004

*Copyright © 2004, Livraria Martins Fontes Editora Ltda.,
São Paulo, para a presente edição.*

1ª edição
agosto de 2004

Tradução
MÁRIO LARANJEIRA

Acompanhamento editorial
Luzia Aparecida dos Santos
Preparação do original
Vadim Nikitin
Revisões gráficas
*Maria Fernanda Alvares
Maria Regina Ribeiro Machado
Dinarte Zorzanelli da Silva*
Produção gráfica
Geraldo Alves
Paginação/Fotolitos
Studio 3 Desenvolvimento Editorial

**Dados Internacionais de Catalogação na Publicação (CIP)
(Câmara Brasileira do Livro, SP, Brasil)**

Poetas franceses da Renascença / seleção, apresentação e tradução Mário Laranjeira. – São Paulo : Martins Fontes, 2004. – (Coleção biblioteca Martins Fontes)

Bibliografia.
ISBN 85-336-2039-X

1. Poesia francesa – Século 16 – Coletâneas 2. Poetas franceses 3. Renascença – França I. Laranjeira, Mário. II. Série.

04-5448   CDD-841

Índices para catálogo sistemático:
1. Poesia : Coletâneas : Século 16 : Literatura francesa   841

Todos os direitos desta edição para a língua portuguesa reservados à
Livraria Martins Fontes Editora Ltda.
*Rua Conselheiro Ramalho, 330   01325-000   São Paulo   SP   Brasil
Tel. (11) 3241.3677   Fax (11) 3105.6867
e-mail: info@martinsfontes.com.br   http://www.martinsfontes.com.br*

ÍNDICE

Apresentação IX
Bibliografia XI
Introdução XIII

Poetas franceses da Renascença

1 – Mellin de Saint-Gelais (1497-1558) 3
2 – Marguerite de Navarre (1492-1549) 9
3 – Clément Marot (1497-1544) 15
4 – Maurice Scève (1510?-1564?) 25
5 – Pernette du Guillet (1520?-1545) 31
6 – Louise Labé (1525-1565) 41
7 – Pontus de Tyard (1521-1605) 49
8 – Joachim du Bellay (1525?-1560) 53
9 – Guillaume Bouchet (1526?-1606?) 63
10 – Pierre Ronsard (1524-1585) 69
11 – Jean-Antoine de Baïf (1532-1589) 81
12 – Du Bartas (Guillaume de Salluste, seigneu du –) (1544-1590) 87
13 – François de Malherbe (1555-1628) 93
14 – Olivier de Magny (1529?-1561) 101
15 – Agrippa d'Aubigné (1552-1630) 107
16 – Philippe Desportes (1546-1606) 113

APRESENTAÇÃO

Em 1960, quando comecei a lecionar no curso de Língua e Literatura Francesas da Universidade de São Paulo, o professor parisiense M. Lebègue, da Sorbonne, especialista em literatura do século XVI, veio ministrar em nossa escola, como convidado, um curso sobre os autores franceses da Renascença. A beleza dos textos e a excelência do curso despertaram em mim a vontade de montar um projeto de tradução que desse acesso aos leitores brasileiros a esse instigante e pouco conhecido período das letras francesas. Mas as circunstâncias de trabalho e outros projetos de maior urgência fizeram com que essa publicação fosse sendo adiada, sem que nunca o projeto fosse esquecido ou abandonado. E, finalmente, mais de quarenta anos depois, aqui está, em edição bilíngüe, uma seleção dos meus *Poetas franceses da Renascença*.

Que critérios presidiram à escolha dos autores e dos textos? Em primeiro lugar, por mais que se queira agir com isenção, o gosto pessoal sempre tem, nesse tipo de escolha, um papel importante. Mas esse gosto pessoal foi, no caso presente, respaldado por critérios mais objetivos. Procurei apresentar poetas que fossem realmente representativos do período. Para isso, vali-me da opinião de críticos abalizados e, principalmente, escolhi textos que costumam estar presentes na maioria das seleções e das antologias que contemplam essa fase literária. Como se trata de um período relativamente remoto da literatura francesa, creio que o tempo já se encarregou de eliminar dos florilégios toda a ganga representada pelos modismos passageiros.

Quanto à minha atitude como tradutor, sigo princípios que já expus em trabalhos anteriores, particularmente em *Poética da tradução*[1], ou seja, diante da impossibilidade óbvia de se produzir, pela tradução, na língua-cultura de chegada, um texto idêntico ao original, tento manter o máximo de homologia semântica e formal. Isso quer dizer que, além de se manterem os sentidos mais próximos possíveis, busca-se recriar, na tradução poética, a métrica, os ritmos, as sonoridades, as rimas do original e sua disposição, e mesmo a apresentação visual do poema. São esses elementos formais que induzem o leitor a uma leitura "poética" do texto, buscando nele não informação, mas emoção estética. Assim, tenta-se obter do leitor dos poemas em língua portuguesa um comportamento-resposta o mais próximo possível do comportamento-resposta do leitor da língua original. É isso que faz a diferença entre a "tradução poética" e a simples tradução de poesia.

Na transcrição dos textos originais, mantive a escrita que constava nas obras utilizadas, quer fosse mantida grafia arcaizante do século XVI, quer fosse ela adaptada às normas do francês moderno. Já o português usado na tradução, embora apresente esporadicamente laivos de arcaísmos, manteve-se nos padrões atuais da língua.

Espero que este trabalho possa contribuir para o conhecimento, entre nós, desse importante período da literatura francesa.

MÁRIO LARANJEIRA

---

[1] EDUSP, 1993.

INTRODUÇÃO

A Renascença

O século XVI foi um período de grande efervescência criativa, mas – e talvez por isso mesmo – foi também um século bastante confuso, em que se modificaram as idéias, os conhecimentos e a concepção do mundo, abalaram-se as crenças, os sentimentos e as formas de expressão. Nascia então a era moderna, cujo início é marcado por dois fatos importantíssimos: a Renascença e a Reforma Protestante, dois poderosos movimentos revolucionários que vieram contrapor-se às tradições da Idade Média, a uma Europa feudal em que os Estados cristãos, apesar de sua multiplicidade, mantinham-se coesos sob a égide da Santa Sé. Embora estes dois movimentos, Renascença e Reforma, tivessem algo em comum na medida em que buscavam uma volta às origens, os cristãos reformados, revalorizando os textos fundadores da fé pelas Escrituras, e os renascentistas, retomando os textos da antigüidade clássica greco-romana, tinham também um aspecto contraditório, pois a Reforma tentava subtrair o homem às seduções da natureza, considerada, na tradição judaico-cristã, fonte do mal e do pecado, ao passo que a Renascença, numa atitude assimilada ao paganismo, exaltava essa mesma natureza e buscava nela as fontes do prazer estético.

Mesmo fisicamente, o mundo conhecido mudou e se ampliou nos séculos XV e XVI com as grandes descobertas marítimas e as viagens de circum-navegação, que desvendaram aos olhos dos europeus novos mundos, novos povos, novas culturas, que os obrigaram a repensar-se e a repensar o mundo.

A revolução renascentista não foi, entretanto, algo brusco, repentino, tampouco algo completo e acabado. É falsa a idéia de que a Idade Média teria desconhecido por completo a Antiguidade clássica. Realmente, a exceção de Aristóteles, grande inspirador de Santo Tomás de Aquino e de toda a filosofia escolástica, a Idade Média teve pouco convívio com os autores gregos. O mesmo não se pode dizer, entretanto, com relação aos autores latinos, embora se tivesse, então, ao ler tais textos, menos preocupação com a sua compreensão e fruição estética do que com a busca, neles, de uma confirmação da doutrina e da moral cristãs. É essa atitude que se modifica com o advento da Renascença, que vai penetrar no espírito da Antiguidade e, à sua maneira, recriá-la e revivê-la, acrescentando-lhe novos temas e valores que lhe dão modernidade.

Foi na Itália que o espírito renascentista primeiro soprou e já dava frutos desde o século XIV, *il trecento*, quando se viu brilharem três gigantes das letras, que irão dar o tom à produção da Renascença: Dante, Boccaccio e Petrarca.

Como já acontecera aos antigos romanos que, ao conquistarem a Grécia, foram conquistados pela arte e cultura dos conquistados, também os franceses, principalmente sob o comando de Francisco I, conquistaram a Itália e foram por ela artística e culturalmente conquistados. De lá levaram para a França artistas, escritores e obras que vão constituir o fermento do renascimento francês. A recente invenção da imprensa muito contribuiu para incentivar esse movimento renovador e para dar-lhe vigor particular.

Durante todo o século XVI, vão multiplicar-se, na França, os "humanistas", que, imbuídos da força e da beleza da antiga literatura clássica, em vez de imitá-las servilmente, irão aplicar os seus princípios lógicos, éticos e estéticos para produzir uma nova arte, uma nova literatura francesa. Essa consciência de renovação mediante uma imitação sem subserviência permeia todo o importante livro teórico de Joachim Du Bellay: *Défense et Illustration de la Langue Française* [Defesa e ilustração da língua francesa], e ele a chama de "innutrition" [inutrição]. Haverá também, como sempre houve, aqueles pseudo-renascentistas que, não entendendo a essência da renovação, acabaram produzindo, mediante imitação servil, textos cheios de barbarismos, helenismos e latinismos. O poeta, teórico e crítico François de Malherbe identifica-os e define-os ironicamente em seu famoso verso: *"Ces gens que en français parlaient grec et latin"* [Essa gente que em francês falava grego e latim].

Convém observar que, embora o fenômeno renascentista tenha ocorrido em todo o ocidente europeu, a nomenclatura utilizada pelos historiadores da literatura pode variar de um país para outro. Assim, em Portugal, o século XVI é considerado o grande século do "classicismo", com Sá de Miranda (introdutor das novidades renascentistas na Península Ibérica), Luís de Camões, e outros; na Espanha, é o "siglo de oro", com Miguel de Cervantes e seu Dom Quixote, além de numerosos autores de peças teatrais e poetas. Na França, só se designará como "classicismo" o período literário que se inicia no século XVII e se prolonga pelo século XVIII. O século XVI apenas precede e prepara esse classicismo sob o nome de Renascença.

POETAS FRANCESES
DA RENASCENÇA

I – MELLIN DE SAINT-GELAIS (1487-1558)

Biografia

Nasceu a 3 de novembro de 1487; era sobrinho do poeta Octavien de Saint-Gelais, mas nada se sabe a respeito de seus pais. Estudou línguas clássicas e modernas, filosofia, ciências e música. Estudou também direito em Poitier, em Bolonha e em Pádua. Na Itália, despertou para a poesia. Voltando à França, tornou-se amigo de Clément Marot. Era pessoa muito afável, tinha uma bela voz e tocava instrumentos de corda, o que contribuía para seu sucesso em sociedade, chegando a conviver com o rei Francisco, de quem corrigia os versos. Parece que se deixou seduzir pelas doutrinas da Reforma Protestante, como seu amigo Marot. As perseguições sofridas por este, entretanto, levaram-no não só a permanecer católico, mas a receber as ordens sacerdotais, tornando-se, depois, capelão do Delfim. Foi bibliotecário de Fontainebleau. Apesar de padre, sua produção inclui epigramas libertinos e, às vezes, obscenos. Mas sabia também encontrar o traço incisivo e mesmo cáustico. Não gostava de Ronsard, com quem teve alguns entreveros, mas este nunca lhe guardou rancor.

Saint-Gelais morreu em 1558.

Un charlatan disait en plein marché
Qu'il montrerait le diable à tout le monde;
Si n'y eût nul, tant fût-il empêché,
Qui ne courût pour voir l'esprit immonde.
Lors une bourse assez large et profonde
Il leur déploit, et leur dit: "Gents de bien,
Ouvrez vos yeux! Voyez! Y a-t-il rien?
— Non, dit quelqu'un des plus près regardants.
— Et c'est, dit-il, le diable, oyez-vous bien?
Ouvrir sa bourse et ne voir rien dedans.

Um charlatão dizia em plena feira
Que mostraria o diabo a todo mundo;
Assim, todos vieram, na carreira,
Mesmo os tolhidos, ver o bicho imundo.
Abriu, então, um saco largo e fundo
E foi dizendo: "Olhem, boa gente,
Abram os olhos! Nada em sua frente?
— Nada! gritou alguém bem perto e atento.
— E é o diabo, ouvem claramente?
Abrir a bolsa e não ver nada dentro.

Sonnet

Il n'est point tant de barques à Venise,
D'huitres à Bourg, de lièvres en Champagne,
D'ours en Savoie e de veaux en Bretagne,
De cygnes blancs le long de la Tamise;

Ni tant d'amours se traitant en l'église,
Ni différends aux peuples d'Allemagne,
Ni tant de gloire à un seigneur d'Espagne,
Ni tant se trouve à la cour de feintise;

Ni tant y a de monstres en Afrique,
D'opinions en une République,
Ni de pardons à Rome un jour de fête;

Ni d'avarice aux hommes de pratique,
Ni d'arguments en une Sorbonnique,
Que m'amie a de lunes dans la tête.

Soneto

Tantas barcas não há nem em Veneza,
Ostras em Burgo, lebres na Champanha,
Urso em Sabóia e gado na Bretanha,
Cisnes do Tâmisa na correnteza;

Nem tanto amor tratando-se na igreja,
Nem tanta rixa em povos da Alemanha,
Nem tanta glória num senhor de Espanha,
Nem na corte impostura assim sobeja;

Nem tantos monstros há em terra africana,
Nem na República há tanta chicana,
Nem em Roma há tanta graça dada;

Nem nos homens de ação há gana tanta,
Nem na Sorbona há argumentos, quantas
Luas tem na cabeça a minha amada.

2 – MARGUERITE DE NAVARRE (1492-1549)

BIOGRAFIA

Marguerite de Valois, irmã mais velha de Francisco I, nasceu em Angoulême, no dia 11 de abril de 1492. Em 1509, tornou-se duquesa de Alençon por seu casamento com o duque Charles d'Alençon, de quem ficou viúva em 1525. Dois anos depois, casou-se com Henri de Béarn, rei de Navarra, tornando-se então a rainha Marguerite de Navarre, nome com que irá celebrizar-se na história e na literatura. Era versada em línguas antigas e modernas, assim como em filosofia, e criou em torno de si uma corte intelectual, um círculo de artistas e de poetas, freqüentado, entre outros, pelo grupo de Clément Marot, tendo sido este poeta, aliás, um de seus mestres e protegidos.

Essa princesa teve capital importância na renovação literária francesa do século XVI, com a implantação do platonismo e do petrarquismo. Sendo ela própria poetisa, deixou uma obra abundante e variada. Sensível, espiritual e ardente, tinha grande facilidade para escrever. Compôs com igual fervor versos de amor e poesias religiosas. Entre os muitos versos que dedicou ao rei seu irmão, destacam-se os que compôs quando de sua morte. Escreveu também contos como o *Heptameron*.

Marguerite de Navarre faleceu em 1549.

Pensées de la reine de Navarre étant dans sa litière durant la maladie du roi

(Extraits)

Si la douleur de mon esprit
Je pouvais montrer par parole
Ou la déclarer par écrit,
Oncques ne fut si triste rôle;
Car le mal qui plus fort m'affole
Je le cache et couvre plus fort;
Pourquoi n'ai rien qui me console,
Fors l'espoir de la triste mort.

Je sais que je ne dois céler
Mon ennuie plus que raisonnable;
Mais si ne saurait mon parler
Atteindre à mon deuil importable;
A l'écriture véritable
Défaudrait la force à ma main,
Le taire me serait louable,
S'il ne m'était tant inhumain.

Mes larmes, mes soupirs, mes cris
Dont tant bien je sais la pratique,
Sont mon parler et mes écrits,
Car je n'ai autre rhétorique.

Pensamentos da Rainha de Navarra estando em sua liteira durante a doença do Rei

(Excertos)

Se da minha alma o pesar
Com palavras fosse possível
Eu escrever ou só falar,
Não seria já tão horrível;
Pois a dor que me deixa louca
Eu a escondo e cubro mais forte;
Pois tenho consolação pouca,
Fora esperar a doce morte.

Sei que não devo silenciar
Meu tédio, mais que razoável;
Mas não poderá meu falar
Dizer meu luto insuportável;
Para a escritura realizável
Faltariam forças a mim,
O calar seria louvável,
Não fosse desumano assim.

Meus suspiros, lágrimas, gritos
Que bem conheço e que pratico,
São meu falar e meus escritos,
Pois nessa retórica eu fico.

Mais leurs effets à Dieu j'applique
Devant son trône de pitié,
Montrant par raison et réplique
Mon coeur souffrant plein de pitié.

....

Sauvez, Seigneur, Royaume et Roi,
Et ceux qui vivent en sa vie!
Voyez son espoir et sa foi,
Qui à la sauver vous convie.
Son coeur, son désir, son envie,
A toujours offert à vos yeux;
Rendez notre joie assouvie
Le nous donnant sain et joyeux.

Vous le voulez et le pouvez:
Ainsi, mon Dieu, à vous m'adresse;
Car le moyen vous seul savez
De m'ôter hors de la détresse
De peur de pis, qui tant me presse,
Que je ne sais là où j'en suis;
Changez en joie ma tristesse,
Las! hâtez-vous car plus n'en puis!

Mas o efeito a Deus aplico
Face a seu trono de piedade,
Mostrando em razão eu replico
Meu peito em dor e em amizade.

....

Salvai, Senhor, o Reino e o Rei,
E quem só vive em sua vida!
Sua fé e esperança atendei,
Que para salvar vos convida.
Seu coração, desejo e invídia,
Ao vosso olhar sempre se dão;
À alegria dai guarida
No-lo entregando alegre e são.

Vós o quereis e o podeis:
Assim, meu Deus, a vós recorro;
Pois o meio, só vós sabeis
De tirar-me esse mal de que morro,
Que oprime, temendo o pior,
Que não sei onde permaneço;
Mudai em dita a minha dor,
Ah! Vinde logo pois pereço!

3 – CLÉMENT MAROT (1497-1544)

Biografia

Clément Marot tem capital importância na história da poesia francesa. Filho do poeta Jean Marot de Caen, nasceu em 1497, em Cahors. Estudou com o pai, que, aos dez anos, levou-o a Paris. Foi advogado no fórum e pajem a serviço de Nicolas de Neuville. Depois serviu Marguerite de Valois, irmã de Francisco I. Em 1524, fez a campanha da Itália, onde foi ferido na batalha de Pávia. De volta à França e acusado de heresia, foi encarcerado no Châtelet, em Paris. Libertado em 1526, logo perdeu o pai, a quem substituiu no cargo de criado de quarto do rei; de novo encarcerado por ter deixado fugir um prisioneiro, solicitou graça e conseguiu; foi então para Nérac, junto da princesa Marguerite, que se casara com o rei de Navarra. Em 1535, novamente molestado como suspeito de heresia, afastou-se, indo primeiro para o Béarn, depois para Ferrara e finalmente para Veneza. Durante o exílio, teve a famosa disputa com Sagon sobre poesia e amor platônico, que dividiu os poetas da época. Regressou à França em 1536, depois de abjurar o calvinismo, e recuperou as boas graças de Francisco I, gozando de grande prestígio literário; mas, em 1543, os teólogos da Sorbonne censuraram a sua tradução dos *Salmos* e, por temor ou cansaço, Marot partiu para Genebra, onde causou escândalo por sua vida livre. Mais uma vez teve de fugir e foi para Turim, onde morreu, pobre e obscuro, em 1544.

BALLADES

De s'amie bien belle

Amour, me voyant sans tristesse,
Et de le servir dégoûté,
M'a dit que fisse une maîtresse,
Et qu'il serait de mon côté.
Après l'avoir bien écouté,
J'en ai fait une à ma plaisance
Et ne me suis point mécompté
C'est bien la plus belle de France.

Elle a un oeil riant, qui blesse
Mon coeur tout plein de loyauté,
Et parmi sa haute noblesse
Mêle une douce privauté.
Grand mal serait si cruauté
Faisait en elle demeurance;
Car, quant à parler de beauté,
C'est bien la plus belle de France.

De fuir son amour qui m'oppresse
Je n'ai pouvoir ni volonté,
Arrêté suis dans cette presse
Comme l'arbre en terre planté.
S'ébahit-on si j'ai plenté

Baladas

De sua amiga muito bela

Amor, ao ver-me acabrunhado
E de o servir sem alegria,
Mandou que tivesse a meu lado
Amante, e ele apoio daria.
Depois de o ter escutado,
Arranjei uma, sem tardança,
E não me vi nada logrado:
Ela é a mais bela de França.

Seu olhar risonho e afiado
De meu peito leal judia,
E a seu jeito nobre e elevado,
Meiga privacidade alia.
Que grande mal, certo, seria,
Ter nela a crueldade privança;
Pois, se beleza é o que é falado,
Ela é a mais bela de França.

Por seu amor fico esmagado,
Fugir não posso, nem queria,
Nessa pressão estou parado
Como árvore na ventania.
De eu ter, alguém se espantaria,

De peine, tourment et souffrance?
Pour moins on est bien tourmenté:
C'est bien la plus belle de France.

Envoi

    Prince d'amours, par ta bonté
Si d'elle j'avais jouissance,
Onc homme ne fut mieux monté:
C'est bien la plus belle de France.

Dor e tormento em abastança?
Por menos se é atormentado:
Ela é a mais bela de França.

Envio

Príncipe de amores, se dado
Me fosse ter dela a esperança
Do gozo, era homem realizado:
Ela é a mais bela de França.

Rondeaux

De l'amour au siècle antique

    Au bon vieux temps un train d'amour régnait
Qui sans grand art et dons se démenait.
Si qu'un bouquet donné d'amour profonde
C'était donner toute la terre ronde;
Car seulement au coeur on se prenait.

    Et si, par cas, à jouir on venait,
Savez-vous bien comme on s'entretenait?
Vingt ans, tente ans, cela durait un monde
        Au bon vieux temps.

    Or est perdu ce qu'amour ordonnait.
Rien que pleurs feints, rien que changes on oit.
Qui voudra donc qu'à aimer je me fonde,
Il faut premier que l'amour on refonde
Et qu'on le mène ainsi qu'on le menait
        Au vieux bon temps.

Rondéis

Do amor no tempo antigo

    Nos velhos tempos certo amor reinava
Que sem artes nem dons bem operava.
Assim, dar um buquê de amor profundo
Era dar todo o planeta rotundo;
Pois só no coração se acreditava.

    Se, por acaso, ao gozo se chegava,
Sabeis como é que então se comportava?
Vinte anos, trinta, isso durava um mundo
        Nos velhos tempos.

    Ora perdeu-se o que o amor mandava.
Só choro falso se ouve, sem palavra.
Quem quiser que eu me funde só no amor,
Deve primeiro ser renovador,
Para levá-lo como se levava
        Nos velhos tempos.

Chansons

De la rose

La belle Rose, à Vénus consacrée,
L'oeil et le sens de grand plaisir pourvoit;
Si vous dirai, dame qui tant m'agrée,
Raison pourquoi de rouges on en voit.

Un jour Vénus son Adonis suivait
Parmi jardin plein d'épines et branches,
Les pieds sont nus et les deux bras sans manches,
Dont d'un rosieir l'épine lui méfait;
Or étaient lors toutes les roses blanches,
Mais de son sang de vermeilles en fait.

De cette rose ai jà fait mon profit
Vous étrennant, car plus qu'à autre chose,
Votre visage en douceur tout confit,
Semble à la fraîche et vermeillette rose.

Canções

Da rosa

A bela rosa, a Vênus consagrada,
Ao olho e olfato tanto prazer dá;
Assim direi, senhora que me agrada,
Por que razão tantas vermelhas há.

Vênus um dia acompanhava, à toa,
Adônis, num jardim cheio de espinhos,
De pés descalços, nus os dois bracinhos,
E da roseira o espinho a magoa;
Eram brancas então todas as rosas:
Seu sangue as faz vermelhas, gloriosas.

Desta rosa tirei o meu proveito
Por mais que tudo vos fazer ditosa,
Pois vosso rosto, de doçura feito,
Parece a fresca e vermelhinha rosa.

4 – MAURICE SCÈVE (1510?-1564?)

Biografia

A vida de Maurice Scève é pouco conhecida. Nasceu em Lyon por volta de 1510. Seu pai era doutor em leis e fiscal de pesos e medidas. Não se sabe se foi casado ou se permaneceu solteiro, nem se recebeu as ordens sacerdotais, como afirmam alguns. Estudou direito canônico em Avignon e realizou pesquisas para descobrir o túmulo de Laura de Noves, amante de Petrarca. Encontrou-o na capela dos Franciscanos. De volta a Lyon, dono já de certa notoriedade, pôs-se a escrever, principalmente versos. Compôs primeiro uma égloga sobre o falecimento do delfim, filho de Francisco I, em que se percebe a influência de Clément Marot. Escreveu depois quatrocentos e cinqüenta e oito "décimas" sob o título de *Délie objet de la plus haute vertu* [Délie objeto da mais alta virtude]. Essa produção erudita, obscura, mística e muitas vezes enfadonha foi muito admirada por seus coevos e deu grande fama a Maurice Scève. Ele foi o grande mentor de uma renascença poética lionesa. Foi mestre de Louise Labé e de Pernette de Guillet, e amigo de Clément Marot. Enamorado idealista, com inclinação para a melancolia, gostava da solidão e é muito natural que tenha cantado esses sentimentos. Não se tem certeza sobre a data de sua morte. Imagina-se que tenha sido por volta de 1564.

Dizains

    Dans son jardin Vénus se reposait
Avec Amour, sa douce nourriture,
Lequel je vis, lorsqu'il se déduisait,
Et aperçus semblable à ma figure:
Car il était de très basse stature,
Moi très petit; lui pâle, moi transi.
Puisque pareils nous sommes donc ainsi
Pourquoi ne suis second dieu d'amitié?
Las! je n'ai pas l'arc et les traits aussi
Pour émouvoir ma maîtresse à pitié.

Décimas

    Em meio a seu jardim Vênus folgava
Com Amor, sua dulcíssima comida,
A quem notei, enquanto ali brincava,
Ter comigo a figura parecida:
Pois era de estatura reduzida:
Eu bem pequeno; ele pálido, eu transido.
Se temos jeito assim tão parecido,
Por que não sou também um deus do amor?
Ah! Eu não tenho flecha e arco tendido
Para piedade à minha amante impor.

Epithaphes

Épitaphe de Pernette de* Guillet

L'heureuse cendre autrefois composée
En un corps chaste où vertu reposa,
Est en ce lieu, par les Grâces posée,
Parmi ses os, que beauté composa.
O terre indigne! en toi son repos a
Le riche étui de cette âme gentille,
En tout savoir sur tout autre subtille,
Tant que les cieux, par leur trop grande envie,
Avant ses jours l'ont d'entre nous ravie,
Pour s'enrichir d'un tel bien inconnu,
Au monde ingrat laissant bien courte vie.
Et longue mort à ceux qui l'ont connu.

---

* Assim no original. (N. do T.)

Epitáfios

Epitáfio de Pernette de Guillet

   A feliz cinza outrora organizada
Num corpo casto, em que a virtude esteve,
Aqui está, pelas Graças pousada,
Entre seus ossos, que a beleza teve.
Ó terra indigna! Em ti foi colocada
A rica urna dessa alma gentil,
Que em saber mais que todas foi sutil,
Tanto que o céu, em sua enorme inveja,
De nós tirou-a antes que o dia seja,
E com tão raro bem se enriqueceu,
Deixando ao mundo uma vida de nada,
E longa morte a quem o conheceu.

5 – PERNETTE DU GUILLET (1520?-1545)

Biografia

Pernette du Guillet nasceu por volta de 1520, em Lyon. Passou pouco tempo neste mundo, pois a morte a colheu em plena juventude. Era uma pessoa completa, tão bela, ao que se diz, quanto Louise Labé, e mais dotada do que esta na arte do canto e nos instrumentos musicais. Compôs versos de uma graça ingênua e tocante, nos quais se manifesta um sentimento terno, mas casto, pelo poeta Maurice Scève, seu mestre em poesia. Foi casada e tinha grande apreço pelo marido. Foi ele quem, após a morte dela, publicou suas obras sob o título simples, exato e sedutor de: *Rimes de gentille et vertueuse dame Pernette de Guillet, Lyonnaise* [Rimas da gentil e virtuosa senhora Pernette de Guillet, lionesa]. Gentil e virtuosa são palavras que lhe cabem maravilhosamente. Nos poucos versos seus que apresentamos e traduzimos a seguir, pode-se perceber a delicadeza e a harmonia que a jovem poetisa sabia colocar em seus cantos.

Poésies

I

Par ce dizain clairement je m'accuse
De ne savoir tes vertus honorer
Fors du vouloir qui est bien maigre excuse:
Mais qui porrait par écrit décorer
Ce qui, de foi, se peut faire adorer?
Je ne dis pas si j'avais ton pouvoir
Qu'à m'acquitter ne fisse mon devoir,
À tout le moins du bien que tu m'avoues.
Prête moi donc ton éloquent savoir,
Pour te louer ainsi que tu me loues.

Poesias

I

Acuso-me bem claro nesta décima
De tuas virtudes não honrar à altura
Fora o querer que é uma desculpa péssima:
Mas quem pudera ornar pela escritura
O que, de fé, se leva a adorar?
Não digo, se tivesse teu poder,
Que quitar-me não fosse o meu dever,
Do querer-bem que, ao menos, dizes ter.
Empresta-me esse teu saber sem par
Para como me louvas te eu louvar.

II

    Il n'est besoin que plus je me soucie
Si le jour faut ou que vienne la nuit,
Nuit hivernale et sans lune obscurcie;
Car tout cela, certes, rien ne me nuit,
Puisque mon Jour par clarté adoucie
M'éclaire toute, et tant qu'à la minuit
En mon esprit me fait apercevoir
Ce que mes yeux ne surent oncques voir.

II

 Eu não preciso mais me preocupar
Se é dia claro ou se a noite vem,
Noite hibernal, escura sem luar,
Pois nada disso impedirá meu bem,
Visto o meu Dia, em doce esplandecer,
Tanto me iluminar que à meia-noite
Em minha mente faz com que eu note
O que co'os olhos nunca pude ver.

III

    Pour contenter celui qui me tourmente,
Chercher ne veux remède à mon tourment:
Car, en mon mal voyant qu'il se contente,
Contente suis de son contentement.

III

    Para agradar a quem só me atormenta,
Não quero achar remédio ao meu tormento:
Por ver na minha dor o seu contento,
Contente estou com seu contentamento.

IV

Quand vous voyez que l'étincelle
Du chaste amour sous mon aisselle
Vient tous les jours à s'allumer,
Ne me devez-vous bien aimer?

Quand vous me voyez toujours celle
Qui pour vous souffre, et son mal cèle,
Me laissant par lui consumer,
Ne me devez-vous bien aimer?

Quand vous voyez que pour moins belle
Je ne prends contre vous querelle,
Mais pour mien vous veux réclamer,
Ne me devez-vous bien aimer?

Quand pour quelque autre amour nouvelle
Jamais ne vous serai cruelle,
Sans aucune plainte former,
Ne me devez-vous bien aimer?

Quand vous verrez que sans cautelle
Toujours vous serai été telle
Que le temps pourra affermer,
Ne me devrez-vous bien aimer?

IV

Quando vós vedes que a fagulha
Do casto amor meu corpo agulha
A cada dia a se inflamar,
Muito não me deveis amar?

Quando me vedes sempre aquela
Que por vós sofre e não revela
A dor que a está a devorar,
Muito não me deveis amar?

Quando vedes que, menos bela,
Não faço contra vós querela,
Mas meu vos quero reclamar,
Muito não me deveis amar?

Quando por outro amor recente
Jamais me faço impertinente,
Sem queixa alguma formular,
Muito não me deveis amar?

Quando virdes que sempre igual
Para vós terei sido tal
Como o tempo irá confirmar,
Muito não devereis me amar?

6 – LOUISE LABÉ (1525-1565)

Biografia

Louise Labé nasceu em Lyon. Embora não se tenha informação direta sobre a data de seu nascimento, um verso de sua terceira elegia diz que tinha dezesseis anos por ocasião do cerco de Perpignan, que se deu em 1542. Deve, portanto, ter nascido em 1525 ou 1526. Era filha de Pierre Charlin, Charly ou Charlieu, que era cordoeiro. Quanto ao cognome de *La belle cordière* [A bela cordoeira], pode também ser devido a seu marido, que também era cordoeiro. Consta que eram, aliás, tão rico um quanto o outro. Louise Labé recebeu esmerada educação, de que soube tirar o melhor proveito. Possuía dotes preciosos: beleza de traços, voz encantadora, capacidade para gostar das artes e praticá-las. Tocava admiravelmente o alaúde, tecia e bordava de maneira perfeita. Tudo isso se coroava por seus dons poéticos. Fez belos versos de amor, com tocante melodia e lirismo. Levando em conta o pequeno volume de suas obras poéticas (três elegias e vinte e três sonetos), é admirável que se tenha imposto como uma das grandes poetisas do século XVI. Sua casa em Lyon era ponto de encontro dos literatos e artistas da época. Essa dama de raros dotes inspirou paixão a vários homens ilustres, o que também lhe provocou alguns dissabores. Depois do falecimento do marido, retirou-se em suas terras de Parcieu, onde faleceu no dia 28 de abril de 1565.

Sonnets

I

O beaux yeux bruns, ô regards détournés,
O chauds soupirs, ô larmes épandues,
O noires nuits vainement attendues,
O jours luisants vainement retournés!

O tristes plaints, ô désirs obstinés,
O temps perdu, ô peines dépendues,
O mille morts en mille rêts tendues,
O pires maux contre moi destinés!

O ris, ô fronts, cheveux, bras, mains et doitgs!
O luth plaintif, viole, archet et voix!
Tant de flambeaux pour ardre une femelle!

De toi me plains, que tant de feux portant,
En tant d'endroits d'iceux mon coeur tâtant,
N'en est sur toi volé quelque étincelle.

Sonetos

I

Ó belos olhos, brunos, desviados,
Ó quentes ais, ó lágrimas vertidas,
Ó negras noites a esperar perdidas,
Ó dias claros sem razão tornados!

Ó tristes prantos, votos obstinados,
Ó penas gastas, horas despendidas,
Ó mortes mil em mil redes tendidas,
Ó rudes males contra mim fadados!

Ó risos, frontes, braços, mãos ardentes!
Ó alaúde, viola e voz plangentes!
Tanto archote a abrasar uma mulher!

De ti me queixo: tendo eu fogo tanto,
Meu coração apalpas e, no entanto,
Sobre ti não voou chispa sequer.

II

O longs désirs, ô esperances vaines,
Tristes soupirs et larmes coutumières
A engendrer de moi maintes rivières
Dont mes deux yeux sont sources et fontaines!

O cruautés, ô durtés inhumaines,
Piteux regards des célestes lumières,
Du coeur transi, ô passions premières,
Estimez-vous croître encore mes peines?

Qu'encor Amour sur moi son arc essaie,
Que nouveaux feux me jette et nouveaux dards,
Qu'il se dépite, et pis qu'il pourra fasse:

Car je suis tant navrée en toutes parts
Que plus en moi une nouvelle plaie
Pour m'empirer ne pourrait trouver place.

II

Ó longas ânsias, ó esperanças vãs,
Tristes suspiros, lágrimas freqüentes
De mim gerando assim tantas torrentes,
De que meus olhos são nascentes chãs!

Ó crueldades, ó durezas frias,
Olhar de dó dos celestiais clarões,
Do peito triste, ó iniciais paixões,
Quereis fazer crescer-me as agonias?

Ensaie ainda em mim seu arco Amor,
Lance-me novas chispas, novos dardos,
Que se despeite e faça ainda pior:

Pois tão ferida estou por tantos lados
Que já não pode pra me molestar
Nova ferida em mim achar lugar.

XVII

Baise m'encor, rebaise-moi et baise;
Donne m'en un de tes plus savoureux;
Donne m'en un de tes plus amoureux,
Je t'en rendrai quatre plus chauds que braise.

Las! te plains-tu? Ça que ce mal t'apaise,
En t'en donnant dix autres doucereux.
Ainsi mêlant nos baisers tant heureux
Jouissons-nous l'un de l'autre à notre aise.

Lors double vie à chacun en suivra;
Chacun en soi et son ami vivra.
Permets m'amour penser quelque folie:

Toujours suis mal, vivant discrètement,
Et ne me puis donner contentement,
Si hors de moi ne sais quelque saillie.

XVII

Beija-me mais, beija-me ainda e beija;
Dá-me um daqueles teus mais saborosos;
Dá-me um daqueles teus mais amorosos,
Dou-te outros quatro em brasa que flameja.

Ah! tu te queixas? Que este mal te seja
Paz ao te dar dez outros deliciosos.
Mesclando nossos beijos mais ditosos
Gozemos um do outro, o amor sobeja.

E vida em dobro cada um terá;
Em si e no amante cada um viverá.
Permite, amor, pensar esta loucura:

Sempre estou mal, em discrição vivendo,
E não me posso dar contentamento,
Se de algo fora eu não for à procura.

7 – PONTUS DE TYARD (1521-1605)

Biografia

Pontus de Tyard nasceu em 1521, no castelo de Bissy-sur-Fley, no Mâconnais, de família rica e distinta da Borgonha. Estudou em Paris, onde, segundo o seu próprio testemunho, compôs as primeiras peças de seus *Erreurs amoureuses* [Erros amorosos]. Foi em razão do próprio nome (Pontus era um dos cavaleiros errantes da Távola Redonda) que optou por esse título. Esses *Erros amorosos* são sonetos, dirigidos à dama de seus pensamentos, que ele celebra sob o nome de *Pasithée* [Pasitéia]. Parece que se tratava de uma dama de alta linhagem, letrada e musicista, que tocava espineta e alaúde muito bem. Em relação a ela, Pontus teve momentos de esperança e de desencanto. Mas ele estava destinado à vida clerical e, em 1554, quando dedicou a essa dama o terceiro livro de seus *Erreurs*, já era cônego da catedral de Mâcon. Teve importante papel entre os poetas da Pléiade e na renovação poética da Renascença. Homem eclético, Pontus de Tyard interessava-se também por astronomia e escreveu vários livros sobre essa ciência. A partir do reinado de Henrique III, renunciou totalmente às musas. Foi nomeado capelão do rei e depois, em 1578, bispo de Chalon-sur-Saône, onde permaneceu até 1589, quando resignou o bispado em favor do sobrinho Cyrus de Tyard. Retirou-se então para seu castelo de Bragny-sur-Saône, onde continuou a viver entre os estudos e a boa mesa, como sempre gostara e fizera. Morreu aos oitenta e quatro anos, a 23 de setembro de 1605.

En contemplation de Dame Louise Labé

Quel Dieu grava cette majesté douce
En ce gai port d'une prompte allégresse?
De quel lis est, mais de quelle déesse
Cette beauté qui les autres détrousse?

Quelle Sirène hors du sein ce chant pousse,
Qui décevrait le caut Prince de Grèce?
Quels sont ces yeux mais bien quel trophée est-ce
Qui tient d'amour l'arc, les traits et la trousse?

Ici le ciel libéral me fait voir
En leur parfait, grâce, honneur et savoir,
Et de vertu le rare témoignage;

Ici le traître Amour me veut surprendre:
Ah! de quel feu brûle un coeur jà en cendre!
Comme en deux parts se peut-il mettre en gage?

Em contemplação da senhora Louise Labé

Que Deus gravou tal majestade, e tanta,
Nesse teu porte de alegria altiva?
É de que lírio, de que etérea diva
Essa beleza que as demais espanta?

Que Sereia do peito o canto canta
Que ao Príncipe da Grécia de ardor priva?
Que olhar é esse, esse troféu que criva,
Com as flechas do amor, a quem suplanta?

Aqui o céu liberal me deixa ver
Em perfeição, a graça, honra e saber,
E de virtude a testemunha rara;

Aqui o Amor traidor me quer colher:
Ah! o peito em cinza ainda sinto arder!
Como engajar-se quem com dois depara?

8 – JOACHIM DU BELLAY (1525?-1560)

Biografia

Joachim du Bellay nasceu por volta de 1525, em Liré, no Anju. Ficou órfão quando era ainda muito jovem e foi educado pelo irmão, René du Bellay. Com uns vinte anos, foi estudar direito em Poitiers. Ao voltar, em 1548 ou 1549, conheceu Ronsard, com quem travou forte ligação. Ronsard levou Du Bellay para Paris, onde formaram, com outros poetas, a Plêiade, principal grupo de poesia renascentista na França. Sua *Defesa e ilustração da língua francesa* (1549) é vista como o manifesto do grupo. No mesmo ano, lançou sua primeira coletânea de poemas. Eram versos de amor em louvor a Mademoiselle de Viole, cujo anagrama dá título ao compêndio: *L'Olive*. Em 1552, acompanha, como secretário, o tio, cardeal Du Bellay, nomeado embaixador em Roma. De início encantado com a Cidade Eterna, logo se aborreceu com as obrigações de seu cargo, que o afastavam das musas. Da sua nostalgia surgiu o livro *Regrets* [Saudades] (1558), que canta a dor de estar longe da pátria e satiriza a corrupção romana. De volta a Paris, onde fora nomeado cônego de Notre-Dame, publica outros dois compêndios: *As Antiguidades de Roma* e os *Jogos rústicos*.

Alguns de seus protetores já haviam morrido e a princesa Marguerite deixara a corte francesa para casar-se com o duque de Sabóia quando, triste, desanimado e doente, Du Bellay faleceu de um ataque de apoplexia, em 1º de janeiro de 1560.

L'Olive

IV

Si notre vie est moins qu'une journée
En l'éternel, si l'an qui fait le tour
Chasse nos jours sans espoir de retour,
Si périssable est toute chose née,

Que songes-tu, mon âme emprisonnée?
Pourquoi te plaît l'obscur de notre jour,
Si pour voler en un plus clair séjour,
Tu as au dos l'aile bien empennée?

Là, est le bien que tout esprit désire,
Là, le repos que tout le monde aspire,
Là, est l'amour, là, le plaisir encore.

Là, ô mon âme, au plus haut ciel guidée,
Tu y pourras reconnaître l'Idée
De la beauté, qu'en ce monde j'adore.

A Olive

IV

Se nossa vida é menos do que um dia
No eterno, se o ano que dá a volta
Expulsa cada dia, que não volta,
Se é perecível tudo que se cria,

Que pensas tu, minha alma aprisionada?
Por que te apraz o escuro deste dia,
Se, pra voar à clara moradia,
Às costas tens asa bem emplumada?

Lá, está o bem que o espírito deseja,
Lá, o repousar que todo mundo almeja,
Lá, o amor, lá, o prazer profundo.

Lá, ó minha alma, ao alto céu guiada,
Poderás ter a Idéia revelada
Da beleza que adoro neste mundo.

Déjà la nuit en son parc amassait
Un grand troupeau d'étoiles vagabondes,
Et pour entrer aux cavernes profondes,
Fuyant le jour, ses noirs chevaux chassait;

Déjà le ciel aux Indes rougissait,
Et l'Aube encor de ses tresses tant blondes
Faisant grêler mille perlettes rondes,
De ses trésors les prés enrichissait;

Quand d'Occident, comme une étoile vive,
Je vis sortir dessus ta verde rive
O fleuve mien! une nymphe en riant.

Alors voyant cette nouvelle aurore,
Le jour honteux d'un double teint colore
Et l'Angevin et l'Indique Orient.

A noite grande grei já reunia,
Em seu redil, de estrelas mil, errantes,
E para entrar nas cavernas distantes,
Fugindo à luz, negros corcéis tangia;

Já nas Índias o céu enrubescia,
E a Alva, inda co'as tranças lourejantes,
A perolar mil gotas cintilantes,
Com seu tesouro o prado enriquecia;

Quando do Ocidente, estrela viva,
Vi subir da tua margem viridente,
Ó rio meu! a ninfa mais ridente.

Ao ver então a nova e altiva Aurora,
Tímido o dia em dupla cor colora
O *Angevino* e o Índico Oriente.

France, mère des arts, des armes et des lois,
Tu m'as nourri longtemps du lait de ta mamelle;
Ores comme un agneau que sa nourrice apelle,
Je remplis de ton nom les antres et les bois.

Si tu m'as pour enfant avoué quelquefois,
Que ne me réponds-tu maintenant, ô cruelle?
France, France, réponds à ma triste querelle.
Mais nul, sinon Écho, ne répond à ma voix.

Entre les loups cruels j'erre parmi la plaine,
Je sens venir l'hiver, de qui la froide haleine
D'une tremblante horreur fait hérisser ma peau.

Las, tes autres agneaux n'ont faute de pâture,
Ils ne craignent le loup, le vent, ni la froidure:
Si ne suis-je pourtant le pire du troupeau.

França, das artes mãe, das armas e das leis,
Muito tempo nutriu-me o leite de tua mama;
Agora, qual cordeiro, aflito que à mãe chama,
Eu encho com teu nome os antros e os vergéis.

Se me tens por teu filho às vezes confessado,
Por que manténs agora um silêncio cruento?
França, França, responde a meu triste lamento.
Mas ninguém, fora Eco, atende ao meu chamado.

Entre os lobos cruéis eu erro pelo prado,
Sinto chegar o inverno, e seu bafo gelado
Eriça minha pele e faz tremer de horror.

Ah, cordeiros nenhuns têm falta de pastagem,
Não temem nem o lobo, o vento ou a friagem:
E não sou eu, no entanto, entre a grei, o pior.

XI

Heureux qui, comme Ulysse, a fait un beau voyage,
Ou comme cestuy-là qui conquit la toison,
Et puis est retourné, plein d'usage et raison,
Vivre entre ses parents le reste de son âge!

Quand reverrai-je, hélas, de mon petit village
Fumer la cheminée, et en quelle saison
Reverrai-je le clos de ma pauvre maison,
Qui m'est une province, et beaucoup davantage?

Plus me plaît le séjour qu'ont bâti mes aïeux,
Que des palais Romains le front audacieux,
Plus que le marbre dur me plaît l'ardoise fine:

Plus mon Loire gaulois, que le Tibre latin,
Plus mon petit Liré, que le mont Palatin,
Et plus que l'air marin la douceur angevine.

XI

Feliz quem como Ulisses fez bela viagem,
Ou como aquele que conquistou o tosão,
E depois retornou com prática e razão,
Pelo resto da vida estar com sua linhagem!

Quando hei eu de rever de minha aldeia a imagem,
Fumantes chaminés, e em qual estação
Reverei meu cercado e minha habitação,
Pra mim província inteira, e leva ainda vantagem?

Mais me agrada a casinha, obra dos meus maiores,
Que um palácio Romano em seu luxo e esplendores,
Mais que o mármore duro estimo a ardósia fina:

Mais meu Loire gaulês, do que o Tibre latino,
Mais meu baixo Liré que o monte Palatino,
E mais que o ar marinho, a doçura angevina.

9 – GUILLAUME BOUCHET (1526?-1606?)

Biografia

Guillaume Bouchet, senhor de Brocourt, nasceu, segundo alguns autores, em 1506, segundo outros, em 1526, em Poitiers, onde o pai era livreiro, profissão que ele próprio abraçou depois. Ocupou o cargo de juiz dos comerciantes da mesma cidade. Ignora-se também a data exata de sua morte, que deve ter ocorrido em 1593 ou em 1606. Aliás, pouco se sabe de sua longa vida, que deve ter transcorrido toda em Poitiers, onde compôs *Serées* ou *Soirées* [Vesperais], que contam as conversas mantidas com bons companheiros em torno do jantar. É um livro variado em que, como declara o próprio autor, "se encontram as coisas mais sérias e as mais divertidas". Bouchet havia lido os filósofos e moralistas, particularmente Montaigne, a quem cita em várias ocasiões. Ele próprio era moralista e contista. Os contos, cujas personagens ilustram suas idéias, são em geral bem curtos. Compôs também poemas breves.

Huitain

Dédale criait à son fils,
Afin de lui donner courage:
"Vole comme je t'ai appris,
Suis toujours la moyenne plage";
Mais l'enfant proche du naufrage,
Disait: "Je ne suis plus en l'air;
Ne m'apaprends donc plus à voler,
Montre-moi plutôt comme on nage."

Oitava

Dédalo gritava ao menino,
A fim de coragem lhe dar:
"Voa como eu sempre te ensino,
É só a praia acompanhar";
Mas o filho, já naufragando,
Dizia: "Não estou no ar;
Voar não está me adiantando,
Ensina-me antes a nadar."

Horoscope d'un pendu

Et Nostradamus et Rombure,
Et tous les devins plus vantés
Ont été par toi fréquentés
Pour savoir ta bonne aventure;
Ils ont prédit que tu serais
Un jour plus haut que tous les rois,
Et voici qu'on te mène pendre:
N'ont-ils pas dit la vérité?
Car tu t'en va si hautement
Que nul ne peut si haut prétendre.

Horóscopo de um enforcado

E Nostradamus e Romburo,
E os vates mais afamados,
Foram todos por ti sondados,
Para saber o teu futuro;
Predisseram que tu estarias
Mais alto que os reis um dia,
E eis que te levam para a forca:
Não disseram mesmo a verdade?
Pois vais tão mais alto ascender,
Que ninguém pode pretender.

10 – PIERRE RONSARD (1524-1585)

Biografia

Pierre Ronsard nasceu no castelo de Possonnière, perto da cidadezinha de Couture, no Vendômois. Sabe-se que nasceu em setembro de 1524, mas não se tem certeza quanto ao dia. Segundo as pesquisas de Henri Lougnon, teria sido no dia 2. Foi o membro mais ilustre do grupo A Plêiade que formou com Du Bellay e outros poetas seus contemporâneos. Resistiu, entretanto, em nome da tradição francesa, a algumas inovações como o então chamado "verso métrico", que tentava introduzir um tipo de versificação por "metros" à maneira latina. Ele tinha um sentimento demasiado justo da índole e da tradição da língua francesa e, grande poeta, utilizou sempre os versos de base silábica com ritmos e rimas. Limitou-se a enriquecer seus poemas com novos vocábulos hauridos nas línguas grega e latina, e também com termos e formulações sintáticas buscados nas linguagens pitorescas de diversas profissões, operando variações formais pela distribuição das estrofes e pela combinação de versos de metros diferentes no mesmo poema. Ronsard foi um grande criador de ritmos e defensor da rima, contribuindo para implantar e generalizar a famosa regra da *"alternance des rimes"*, que se tornará norma obrigatória na poesia tradicional francesa: ela consiste em alternar sempre uma rima oxítona com uma rima paroxítona (rimas masculinas e femininas, na nomenclatura francesa). Também contribuiu para a difusão do verso alexandrino, de tradição francesa, que irá suplantar o verso decassilábico, de origem italiana, muito em voga na Renascença.

Les amours de Cassandre

Sonnets
II

Ciel, air et vents, pleine et monts découverts,
Tertres fourchus et forêts verdoyantes,
Rivages tors, et sources ondoyantes,
Taillis rasés, et vous, bocages verts;

Antres moussus à demi front ouverts,
Prés, boutons, fleurs et herbes roujoyabtes,
Côteaux vineux et plages blondoyantes,
Gastine, Loir, et vous, mes tristes vers,

Puisqu'au partir, rongé de soin et d'ire,
A ce bel oeil l'adieu je n'ai su dire,
Qui près et loin me détient en émoi,

Je vous suppli', ciel, air, vents, monts et plaines,
Taillis, forêts, rivages et fontaines,
Antres, prés, fleurs, dites-le-lui pour moi.

Os amores de Cassandra

Sonetos
II

Céu, ar e ventos, montes e vargedos,
Bífidos cerros, matas verdejantes,
Ribas tortuosas, fontes ondulantes,
Capões de mato, e vós, verdes bosquedos;

Antros musgosos, fendas nos rochedos,
Prados, botões, capins, flores rubentes,
Morros, vinhas, e praias fulvescentes,
Gastine, Loir, e vós, versos não ledos,

Pois que, ao partir, roído de pesar,
Ao teu olhar o adeus não pude dar,
Que perto e longe o amor me prende assim,

Eu vos suplico, céus, planícies, montes,
Capões, florestas, ribas, antros, fontes,
Prados e flores lho digais por mim.

À Cassandre

Mignonne, allons voir si la rose
Qui ce matin avait déclose
Sa robe de pourpre au soleil
A point perdu cette vêprée
Les plis de sa robe pourprée,
Et son teint au votre pareil.

Las! voyez comme en peu d'espace,
Mignonne, elle a dessus la place,
Las! Las! ses beautés laisssé choir!
O vraiment marâtre Nature,
Puis qu'une telle fleur ne dure
Que du matin jusques au soir!

Donc, si vous me croyez, mignonne,
Tandis que votre âge fleuronne
En sa plus verte nouvauté,
Cueillez, cueillez votre jeunesse:
Comme à cette fleur, la vieillesse
Fera ternir votre beauté.

A Cassandra

Querida, vamos ver se a rosa,
Que esta manhã abriu garbosa
Ao sol seu purpúreo vestido,
Não perdeu, da tarde ao calor,
De sua roupa a rubra cor,
E o aspecto ao vosso parecido.

Ah! Vede como em curto espaço,
Querida, caiu em pedaços,
Ah! ah! a beleza que tinha!
Ó mesmo madrasta Natura,
Pois que uma flor assim não dura
Senão da manhã à tardinha!

Então, se me dais fé, querida,
Enquanto a idade está florida
Em seu mais viçoso verdor,
Colhei, colhei a mocidade:
A velhice, como a esta flor,
Fará murchar vossa beldade.

Les amours de Marie

V
Sonnet

Comme on voit sur la branche, au mois de mai, la rose
En sa belle jeunesse, en sa première fleur,
Rendre le ciel jaloux de sa vive couleur,
Quand l'aube de ses pleurs au point du jour l'arrose:

La grâce dans sa feuille et l'amour se repose,
Embaumant les jardins et les arbres d'odeur;
Mais battue ou de pluie ou d'excessive ardeur,
Languissante elle meurt, feuille à feuille déclose.

Ainsi, en ta première et jeune nouveauté,
Quand la terre et le ciel honoraient ta beauté,
La Parque t'a tuée, et cendre tu reposes.

Pour obsèques reçois mes larmes et mes pleurs,
Ce vase plein de lait, ce panier plein de fleurs,
Afin que, vif ou mort, ton corps ne soit que roses.

Os amores de Maria

V
Soneto

Como se vê no ramo, em pleno maio, a rosa,
Em bela juventude, em sua primeira flor,
Dar ciúmes ao céu por sua viva cor,
Quando a alba com seu pranto a rega prestimosa:

A graça em sua pétala e o amor repousa,
E embalsama o jardim e as árvores de odor;
Mas batida, ou de chuva ou de excessivo ardor,
Folha a folha desfaz-se e morre langorosa.

Assim, em tua primeira e jovem novidade,
Quando a terra e o céu honravam-te a beldade,
A Parca te matou, e cinza tu repousas.

Por exéquias recebe os meus prantos e dores,
Este vaso de leite, este cesto de flores,
Para ser, vivo ou morto, o teu corpo só rosas.

Second livre des Sonnets pour Hélène

XLIII

Quand vous serez bien vieille, au soir, à la chandelle,
Assise auprès du feu, dévidant et filant,
Direz chantant mes vers, en vous émerveillant:
"Ronsard me célébrait du temps que j'étais belle."

Lors vous n'aurez sevante oyant telle nouvelle,
Déjà sous le labeur à demi sommeillant,
Qui au bruit de mon nom ne s'aille réveillant
Bénissant votre nom de louange immortelle.

Je serai sous la terre, et fantôme sans os,
Par les ombres myrteux je prendrai mon repos;
Vous serez au foyer une vieille accroupie,

Regrettant mon amour et votre fier dédain.
Vivez, si m'en croyez, n'attendez à demain:
Cueillez dès aujourd'hui les roses de la vie.

Segundo livro dos Sonetos para Helena

XLIII

Quando fores bem velha, à noite, à luz da vela,
Sentada ao pé do fogo, e dobando e fiando,
Dirás, aos versos meus, e te maravilhando:
"Ronsard me celebrava ao tempo em que era bela."

Não terás serva então que, a ouvir notícia tal,
Ao peso do labor já meio cochilando,
Ao meu nome não vá logo se despertando,
Bendizendo o meu nome em louvor imortal.

Eu, debaixo da terra, um fantasma sem osso,
Pela sombra murtosa acharei meu repouso;
Tu, ao pé da lareira, uma velha encolhida,

Vais chorar meu amor e tua soberba vã.
Vive, se me dás fé, não deixes pra amanhã:
Colhe já, sem temor, as rosas desta vida.

J'espère et crains, je me tais et supplie,
Or je suis glace et ores un feu chault,
J'admire tout et de rien ne me chault,
Je me delace, et puis je me relie.

Rien ne me plaît sinon ce qui m'ennuie,
Je suis vaillant, et le coeur me default,
J'ai l'espoir bas, j'ai le courage hault,
Je doubte Amour, et si je le défie,

Plus je me picque, et plus je suis rétif,
J'aime être libre et veux vivre en captif,
Cent fois je meurs, cent fois je prends naissance.

Un Prométhée en passions je suis,
Et pour aimer perdant toute puissance
Ne pouvant rien je fais ce que je puis.

---

* (*Conjunctio oppositorum*, cf. Petrarca, Sta. Teresa, etc.).

Espero e temo, calo-me e suplico,
Ora sou gelo, e ora fogo ardente,
Admiro tudo e nada me é atraente,
Solto-me e logo ligo-me e complico.

Nada me apraz, entediado eu fico,
Meu coração é fraco, e sou valente,
Do ardor à baixa fé vou de repente,
De Amor duvido, e quando o desafio,

Mais eu me pico, e mais me torno esquivo,
Amo ser livre e quero estar cativo,
Cem vezes morro e tenho outra nascença.

Prometeu de paixões por ser eu passo,
E perco, para amar, toda potência,
Nada podendo, o que eu posso faço.

II – JEAN-ANTOINE DE BAÏF (1532-1589)

Biografia

Jean-Antoine de Baïf, filho natural de mãe italiana e do poeta, latinista e tradutor de Sófocles e de Eurípides, Lazare de Baïf, nasceu em fevereiro de 1532, em Veneza, onde o pai era embaixador do rei de França Francisco I. Levado para a França ainda bebê, recebeu excelente educação. Logo que começou a falar, seu pai cuidou para que aprendesse grego e latim. Aos oito anos, sua educação foi confiada ao sábio mestre Tusan. Depois teve aulas com Jean Dorat e foi então colega de Pierre Ronsard no colégio de Coqueret. Em 1547, perdeu o pai. Pouco depois, começou a escrever e publicou, em 1552, os *Amours de Meline* [Amores de Melina], com grande sucesso. Em Poitiers, para onde se transferiu, apaixonou-se por uma jovem a quem celebrou com os *Amours de Francine* [Amores de Francina], coletânea publicada em 1555. Freqüentou a corte de Carlos IX e, em 1558, viajou pela Itália.

Baïf introduziu na literatura francesa novidades prosódicas, novos ritmos e medidas, tentando desvencilhar-se da tradição da métrica e da rima. Fundou uma companhia literária, que pode ser considerada como uma primeira Academia Francesa, e exerceu grande influência no movimento poético da Renascença. Sua presença foi muito marcante na Plêiade. Em 1572 e 1573, publicou uma edição completa de suas *Oeurvres en rime* [Obras em rima]. Depois publicou outras coletâneas, como *Les Mimes* [Os mimos], que correspondem a uma época de tristeza e desânimo.

Morreu no dia 19 de setembro de 1589.

Les amours de Francine

Un jour, quand de l'hiver l'ennuyeuse froidure
S'attiédit, faisant place au printemps gracieux,
Lorsque tout rit aux champs et que les prés joyeux
Peignent de belles flleurs leur riante verdure;

Près du Clain tortueux, sous une roche obscure,
Un doux somme ferma d'un doux lien mes yeux
Voici, en mon dormant, une clarté des cieux
Venir l'ombre enflammer d'une lumière pure,

Voici venir des cieux, sous l'escorte d'amour,
Neuf nymphes qu'on eût dit être toutes jumelles;
En rond auprès de moi elles firent un tour;

Quand l'une me tendant de myrthe un vert chapeau,
Me dit: "Chante d'amour d'autres chansons nouvelles,
Et tu pourras monter à notre saint coupeau."

Os amores de Francine

Quando um dia do inverno a enfadonha friúra
Amaina e dá lugar à estação graciosa,
Quando tudo sorri e a campina gloriosa
De belas flores pinta a ridente verdura;

Junto ao Clain tortuoso, e sob a rocha escura,
Doce sono fechou-me os olhos em doce hora.
Eis que, no meu dormir, viva luz vem agora
As sombras inflamar de claridade pura,

Eis que vieram dos céus, sob a escolta de amor,
Nove ninfas iguais, que gêmeas se diria,
E fizeram um arco ali ao meu redor;

Uma delas me dá de murta uma grinalda
E diz: "Novas canções de amor canta à porfia,
Do nosso santo monte hás de subir a fralda."

Amour Oiseau

Un enfant oiseleur jadis en un bocage
Giboyant aux oiseaux, vit dessus le branchage
D'un houx Amour assis; et l'ayant aperçu,
Il a dedans son coeur un grand plaisiir conçu.
Car l'oiseau semblait grand; ses gluaux il apprête,
L'attend et le chevale, et guettant à sa quête
Tâche de l'assurer ainsi qu'il sautelait;
Enfin il s'ennuya de qui si mal allait
Toute sa chasse vaine; et ses gluaux il rue,
Et va vers un vieillard étant à la charrue,
Qui lui avait appris le métier d'oiseleur,
Se plaint, et parle à lui: il conte son malheur,
Lui montre Amour branché. Le vieillard lui va dire:
"Laisse, laisse, garçon, cesse de pourchasser
Après un tel oiseau: telle proie est mauvaise,
Tant que tu la lairras tu seras à ton aise,
Mais si à l'âge d'homme une fois tu atteins,
Cet oiseau qui te fuit et de qui tu te plains,
Comme trop sautelant, de ton motif s'apprête,
Venant à l'impromptu, se planter sur ta tête".

Amor Passarinho

Um menino a caçar passarinhos, um dia,
Espreitando num bosque, em um ramo avistou
De azevinho sentado Amor; e como o via,
Prazer enorme de seu peito se apossou.
O pássaro era grande; o visgo ele já arruma,
Espera, gira à volta, e, espreitando sua presa,
Tenta não espantá-la assim que ela se apruma;
Ele por fim se cansa ao ver a vagareza
Da caçada sem fim; chuta sua armadilha
E vai na direção de um velho que na trilha
Do arado segue, e lhe ensinara no passado
Os truques a aplicar para uma boa caça.
O menino lhe conta sua grande desgraça,
Mostra-lhe Amor no galho. O velho diz, pausado:
"Deixa, deixa, rapaz, não deves continuar
A busca ineficaz. Desiste de caçar
Esse tal passarinho: essa presa é ruim,
Se a podes evitar, estarás bem assim;
Mas se idade de homem atinges porventura,
O pássaro que foge e que te causa agrura
Por ser demais arisco, um dia se arremessa,
Vem de improviso e pousa sobre tua cabeça."

12 – DU BARTAS (1544-1590?)

Biografia

Guillaume Salluste, senhor de Bartas, nasceu em Montfort, perto de Auch, na Gasconha, em 1544. Começou a dedicar-se à poesia ainda muito jovem, mas não foi essa a sua ocupação exclusiva. Foi pagem do rei de Navarra (o futuro Henrique IV), em cujo serviço pegou em armas e a quem foi sempre fielmente dedicado. Foi um valente capitão e, segundo alguns críticos, melhor sodado do que poeta, pois seus versos, que contêm belezas verdadeiras, pecam às vezes pela prolixidade e pela ênfase excessiva. Uma das parcas principais de sua poesia é a religião. Sua principal coletânea, publicada em 1574, tinha como título *La Muse chrétienne* [A Musa cristã]. Entre os seus raros poemas de inspiração profana, destaca-se *Les Neuf Muses pyrénéennes* [As Nove Musas pirenaicas]. Mas sua obra de maior sucesso na época, *La Semaine ou création du monde* [A Semana ou criação do mundo], como se vê pelo título, é também de inspiração bíblica. Embalado pelo êxito, compôs uma *Seconde Semaine* [Segunda Semana], mais enfadonha ainda do que a primeira. Não só a fama das obras de Du Bartas foi grande, mas elas exerceram considerável influência em outros autores e foram traduzidas para várias línguas. Sabe-se que Goethe as admirava. A Du Bartas não faltava imaginação, mas era confuso e exagerava um pouco na busca dos efeitos sonoros das palavras e das frases bombásticas. Convém notar que, além de suas obras em francês, ele escreveu também em dialeto gascão. Du Bartas morreu em 1590 ou 1591, em conseqüencia de ferimentos que teve em combate.

Les Neuf Muses Pyrénéennes

Présentées par Guillaume de Salluste sieur Du Bartas au roi de Navarre

I

François, arrête-toi, ne passe la campagne
Que nature mura de rochers d'un côté.
Que l'Ariège entrefend d'un cours précipité:
Campagne qui n'a point en beauté de compagne.

Passant, ce que tu vois n'est point une montagne:
C'est un grand Briarée, un géant haut monté
Qui garde ce passage et défend, indompté,
De l'Espagne la France, et de France l'Espagne.

Il tend à l'une l'un, à l'autre l'autre bras;
Il porte sur son chef l'antique faix d'Atlas;
Dans deux contraires mers il pose ses deux plantes.

Les épaisses forêts sont ses cheveux épais;
Les rochers sont ses os, les rivières bruyantes
L'éternelle sueur que lui cause un tel faix.

As Nove Musas Pirenaicas

Apresentadas por Guillaume de Saluste senhor Du Partas ao rei de Navarra

I

Francisco, pára, além não passes da campanha
Que de um lado a natura entre Rochas murou
E que o rio Arriège em torrentes cortou:
Campanha que em beleza outra não acompanha.

Passante, o que tu vês não é uma montanha:
É um grande Briaréu, gigante alevantado,
Que esta passagem guarda e defende, indomado,
Da Espanha a França, e da França a Espanha.

A uma um, à outra o outro braço estende;
Sobre a cabeça tem de Atlas a carga ingente;
Ele em dois mares põe, contrários, cada pé.

As densas matas são sua cabeleira densa;
As rochas, a ossatura, e cada rio é
O eterno suor, fruto da carga imensa.

II

Coupeaux toujours chenus, miracles qui touchez
Les astres de vos fronts, l'enfer de vos racines,
Épouvanteaux du ciel, rochers, qui dans vos mines
Les forcenés désirs de l'avare cachez,

Tressaillez de plaissir [et] vos pointes clochez,
Faites jaillir partout des sources argentines,
Ouvrez vos flancs pierreux, découvrez vos poitrines,
A vos plus chers métaux le triste frein lachez.

Invencible rempart de l'Espagne e des Gaules,
Ainsi que vous voyez blanchir sur vos épaules
Les montagnes qui font plus hautain l'univers,

O sommets escarpés, ainsi ce roi qui monte
Sur vos dos et de neige et de sapins couverts,
Par ses belles vertus tout autre roi surmonte.

II

Cumes alvos de cãs, milagres que tocais
Os astros com a fronte, o inferno co'as raízes
Espantalhos do céu, rochas, os infelizes
Desejos loucos de avarentos ocultai,

Exultai de prazer e os picos abalai,
Jorrai por toda parte a prata em vossos leitos,
O pétreo flanco abri, franqueai vossos peitos,
Aos preciosos metais os maus freios soltai.

Entre as Gálias e a Espanha, em muralhas dispostas,
Assim como alvejar vedes às vossas costas
As montanhas que dão mais brilho ao universo,

Ó picos em escarpa, o rei que se levanta
Em vosso lombo em neve e pinheiros submerso,
Por sua alta virtude os outros reis suplanta.

13 – FRANÇOIS DE MALHERBE (1555-1628)

Biografia

François de Malherbe nasceu em 1555, em Caen, na Normandia, onde o pai era magistrado. Escolheu a carreira das armas e engajou-se, como secretário, no serviço de Henri d'Angoulême, governador da Provença, seguindo para Aix. Na Provença, onde permaneceu por dez anos, fez versos e se casou. Após a morte de Henri d'Angoulême, voltou para a Normandia, onde permaneceu por mais de dez anos. Aos quarenta anos de idade, retornou à Provença e foi então que começou a ter notoriedade. Três anos depois viajou para Paris. Introduzido na corte, logo conquistou as boas graças do rei Henrique IV. Pôs-se a serviço da casa do duque de Bellegarde e começou então o período mais brilhante de sua vida. Depois da morte do rei, fez textos encomiásticos ao grande ministro Richelieu.

Na poesia, Malherbe manifesta influência dos italianos e de Ronsard, mas soube também marcar a sua originalidade. Pregou e praticou uma austeridade que já prenunciava o classicismo do século XVII. Agiu como um chefe de escola e como um censor da poesia. Nem todos, porém, viram com bons olhos as suas posições. Théodore de Banville, por exemplo, escreveu: "Ele executou Ronsard! Não lhe poupemos críticas: Malherbe veio e a poesia, vendo-o chegar, foi-se embora." Entretanto, foi considerado por seus contemporâneos como o maior dos poetas franceses.

Malherbe faleceu em Paris, em 16 de outubro de 1628.

Dessein de quitter une dame
qui ne le contentait que de promesses

Beauté, mon beau souci, de qui l'âme incertaine
A, comme l'Océan, son flux et son reflux,
Pensez de vous résoudre à soulager ma peine,
Ou je me vais résoudre à ne le souffrir plus.

Vos yeux ont des appas que j'aime et que je prise,
Et qui peuvent beaucoup dessus ma liberté;
Mais pour me retenir, s'ils font cas de ma prise,
Il leur faut de l'amour autant que de beauté.

Quand je pense être au point que cela s'accomplisse,
Quelque excuse toujours en empêche l'effet;
C'est la toile sans fin de la femme d'Ulysse,
Dont l'ouvrage du soir au matin se défait.

Madame, avisez-y, vous perdez votre gloire
De me l'avoir promis, et vous rire de moi;
S'il ne vous en souvient, vous manquez de mémoire,
Et s'il vous en souvient, vous n'avez point de foi.

J'avais toujours fait compte, aimant chose si haute,
De ne m'en séparer qu'avecque le trépas;
S'il arrive autrement, ce sera votre faute
De faire des serments et ne les tenir pas.

Intenção de abandonar uma dama
que só o contentava com promessas

Beleza, encanto meu, cuja alma tão mutável
Tem fluxo e tem refluxo, assim como o Oceano,
Pensai em mitigar-me a dor insuportável,
Ou resolvo pôr fim a esse tormento insano.

Tem graças vossos olhos, que amo e que, por isso,
Mantêm em seu poder a minha liberdade;
Mas para me prender, se me querem submisso,
Precisam ter amor tanto quanto beldade.

Se penso estar no ponto em que tal se cumprisse,
Uma desculpa sempre impede o seu efeito;
É o tecido sem fim da escolhida de Ulisses:
O trabalho da noite à alvorada é desfeito.

Senhora, tomai tento, estais perdendo a glória
Por ter-me prometido, e zombardes de mim;
Se vós não vos lembrais, é falta de memória,
Se vos lembrais, então, não cumpris mesmo assim.

Sempre pensei que, amando uma coisa tão alta,
Dela só me apartar ao deixar esta vida;
Se assim não suceder, será por vossa falta,
Pois mil juras fazeis, e nenhuma é cumprida.

Consolation à M. Du Perrier

Ta douleur, du Perrier, sera donc éternelle?
    Et les tristes discours
Que te met en l'esprit l'amitié paternelle
    L'augmenteront toujours?

Le malheur de ta fille au tombeau descendue
    Par un cruel trépas,
Est-ce quelque dédale où ta raison perdue
    Ne se retrouve pas?

Je sais de quels appas son enfance était pleine;
    Et n'ai pas entrepris,
Injurieux ami, de soulager ta peine
    Avecque son mépris.

Mais elle était du monde, où les plus belles choses
    Ont le pire destin;
Et, rose, elle a vécu ce que vivent les roses,
    L'espace d'un matin.

Puis quand ainsi serait que, selon ta prière,
    Elle aurait obtenu
D'avoir en cheveux blancs terminé sa carrière,
    Qu'en fût-il advenu?

Consolação ao sr. Du Perrier

Tua dor, Du Perrier, será acaso eterna?
    E os discursos dolentes
Que na alma te põe a amizade paterna
    Serão sempre crescentes?

O infortúnio da filha ao túmulo descida
    Por comum desenlace,
Um dédalo seria em que a razão perdida
    Nunca mais se encontrasse?

De quantos dotes sei sua infância era plena;
    E não me cabe o vezo
De, amigo injurioso, aliviar-te a pena
    Mostrando-lhe desprezo.

Mas ela era do mundo, onde as coisas formosas
    Têm o pior destino;
E, rosa, ela viveu o que vivem as rosas,
    O espaço matutino.

E quando fosse assim, como em prece pedias,
    E ela tivesse obtido
Coberta pelas cãs encerrar os seus dias,
    Que teria ocorrido?

Penses-tu que plus vieille en la maison céleste
    Elle eût eu plus d'accueil,
Ou qu'elle eût moins senti la poussière funeste
    Et les vers du cercueil?

Non, non, mon du Perrier; aussitôt que la Parque
    Ôte l'ame du corps,
L'âge s'évanouit au-deça de la barque
    Et ne suit pas les morts.

....

La mort a des rigueurs à nulle autre pareilles:
    On a beau la prier;
La cruelle qu'elle est se boucle les oreilles
    Et nous laisse crier.

Le pauvre en sa cabane où le chaume le couvre
    Est sujet à ses lois;
Et la garde qui veille aux barrileres du Louvre
    N'en défend pas les rois.

De murmurer contre elle et perdre patience
    Il es mal à propos;
Vouloir ce que Dieu veut est la seule science
    Qui nous met en repos.

Crês que, idosa, teria acolhida melhor
    Na celestial mansão,
Ou menos sentiria o pó com seu horror,
    E os vermes do caixão?

Não, não, meu Du Perrier; no momento em que a Parca
    Tira as almas dos corpos,
Toda idade se esvai aquém da triste barca
    E nunca segue os mortos.

....

Tem rigores a morte a nenhum semelhante,
    Inútil implorar;
Ela é mesmo cruel, não ouve um só instante,
    E nos deixa gritar.

O pobre em seu casebre onde a palha o recobre
    Submete-se a suas leis;
E a guarda que protege as barreiras do Louvre
    Não põe a salvo os reis.

Murmurar contra ela e perder a paciência
    Nenhum sentido tem;
Querer o que Deus quer é a única ciência
    Que nos faz sentir bem.

14 – OLIVIER DE MAGNY (1529?-1561)

Biografia

Olivier de Magny nasceu em Cahors, no centro-sul da França, por volta de 1529. Estudou em Paris, sob a direção de seu conterrâneo e poeta Hugues Salel, de quem foi secretário. Com a morte deste, assumiu o cargo de secretário do cardeal Jean d'Avançon, a quem acompanhou em Roma, numa missão diplomática junto ao papa Júlio II. O fato de ser amigo de Ronsard contribuiu para a recepção calorosa que teve nos meios literários. Ao passar por Lyon, Magny permaneceu algum tempo na cidade, onde freqüentou o seleto grupo da bela poetisa Louise Labé, e estabeleceu com ela uma relação amorosa, que transparece em tons apaixonados na poesia de ambos; entretanto, com a partida do poeta, a "Belle Cordière" o substituirá por um advogado lionês, Senhor Aymon. Em Roma, Magny encontrou-se com Joachim Du Bellay, e logo travou com ele uma amizade muito frutuosa, pois ambos tinham o mesmo gosto pela literatura. Ao regressar de Roma, enciumado com o novo amor de Louise Labé, Olivier de Magny escreveu uma ode ofensiva ao marido dela e à própria Louise. Em seguida Magny fez várias viagens pela França e foi nomeado secretário do rei. Faleceu em 1561, deixando uma obra poética relativamente considerável: *Les Amours* [Os amores], *Les Gayetés* [As alegrias], *Les Soupirs* [Os suspiros], *Les Odes* [As odes], sendo estas últimas a melhor parte de sua produção.

Gordes, que ferons-nous? Aurons-nous point la paix?
Aurons-nous point la paix quelquefois sur la terre?
Sur la terre aurons-nous si longuement la guerre,
La guerre qui du peuple est un si pesant faix?

Je ne vois que soudard, que chevaux et harnois,
Je n'ois que deviser d'entreprendre et conquerre,
Je n'ois plus que clairons, que tumulte et tonnerre
Et rien que rage et sang je n'entends et ne vois.

Les princes d'aujourd'hui se jouent de nos vies,
Et quand elles nous sont après le biens ravies
Ils n'ont pouvoir ni soin de nous les retourner.

Malheureux sommes-nous de vivre en un tel âge,
que nous laissons ainsi de maux environner,
La coupe vient d'autrui, mais nôtre est le dommage.

Gordes, o que fazer? Nunca teremos paz?
Nunca teremos paz às vezes sobre a terra?
Sobre a terra haverá por tanto tempo a guerra,
A guerra que é do povo fardo contumaz?

Vejo soldados só, cavalos e aparato,
Ouço só conversar de empreender, conquistar,
Nada mais que clarins, tumulto e trovejar
E só raiva, só sangue ouço e vejo de fato.

E os príncipes de hoje escarnecem das vidas,
E quando elas nos são, com os bens extorquidas,
Vontade nem poder têm para as devolver.

Infelizes de nós por viver nesta era,
Que deixamos assim de males se envolver,
De um outro o corte vem, e em nós o dano impera.

Au Roi

Il ne faut pas toujours le bon champ labourer:
Il faut que reposer quelquefois on le laisse,
Car quand chôme longtemps et que bien on l'engraisse,
On en peut puis après double fruit retirer.

Laissez donc votre peuple en ce point respirer,
Faisant un peu cesser la charge qui le presse
Afin qu'il prenne haleine et s'allège et redresse
Pour mieux une autre fois ces charges endurer.

Ce qu'on doit à César, Sire, il le lui faut rendre,
Mais plus qu'on ne lui doit, Sire, il ne lui faut prendre.
Veuillez donc désormais au peuple retrancher

Ce que plus qu'il ne doit sur son dos il supporte
Et ne permettez plus qu'on le mange en la sorte,
Car, Sire, il le faut tondre et non pas écorcher.

Ao Rei

Não se deve estar sempre o bom campo a lavrar:
É preciso em descanso às vezes o manter,
Pois se muito repouso e adubo ele tiver,
Dele se vai depois duplo fruto tirar.

Deixai, pois, vosso povo a gosto respirar,
Reduzindo essa carga a que ele está sujeito,
A fim de que respire e se erga já refeito
Para melhor de novo a carga suportar.

A César que se dê, Senhor, o que é devido,
Mas mais do que se deve, é mau se lhe tomar,
Senhor, de agora em diante, cabe aliviar

O que o povo não deve e nas costas suporta
E não mais permitais que seja assim comido,
Pois, Senhor, tosquiar, não escorchá-lo importa.

15 – AGRIPPA D'AUBIGNÉ (1552-1630)

Biografia

Théodore-Agrippa d'Aubigné nasceu em 8 de fevereiro de 1552, em Saint-Maury de Saintonge. O pai era juiz e, tendo abraçado a religião reformada, era desta ardente defensor. O menino teve educação esmerada e, ao seis anos, já lia, além do francês, o latim, o grego e o hebraico. Após a morte do pai, em 1563, foi estudar em Paris, depois em Genebra. Entediado na cidade, desejava tomar parte nas guerras religiosas. Fugiu então para Lyon e alistou-se no exército huguenote. Depois de mostrar seu valor na guerra, mostrou sua sabedoria nos conselhos da política. Em 1572, teve um romance apaixonado com uma jovem chamada Diana Salviati, que era sobrinha de Cassandra Salviati, imortalizada nos versos de Pierre Ronsard. Em 1573, encontrou-se com Henrique de Navarra de quem se tornou amigo íntimo e com quem lutou pela causa protestante. Quando Henrique de Navarra, para poder ser coroado rei de França, abjurou o protestantismo, Agrippa retirou-se para seu castelo em Meillezais, de onde fora nomeado governador. Foi aí que, não podendo mais empunhar as armas, empunhou a pena e escreveu suas duas obras capitais: *História universal* e *Os trágicos*. Como suas obras foram condenadas a ser queimadas, D'Aubigne não se sentiu mais seguro na França e voltou para Genebra. Depois de seu segundo casamento, em 1623, levou uma vida reservada, ocupando-se em revisar e completar as suas obras e publicar novos poemas. Morreu no dia 9 de março de 1630. Sua vida agitada e produtiva se insere perfeitamente no espírito do século XVI.

Sonnets

I

Ronsard, si tu as su par tout le monde épandre
L'amitié, la douceur, les grâces, la fierté,
Les ferveurs, les ennuis, l'aise et la cruauté,
Et les chastes amours de toi et de Cassandre,

Je ne veux à l'envi, pour sa nièce entreprendre,
D'en rechanter autant comme tu as chanté,
Mais je veux comparer à beauté la beauté,
Et mes feux à tes feux et ma cendre à ta cendre.

Je sais que je ne puis dire si doctement,
Je quitte le savoir, je brave l'argument
Qui de l'écrit augmente ou affaiblit la grâce.

Je sers l'aube qui naît, toi le soir mutiné,
Lorsque de l'Océan l'adultère obstiné
Jamais ne veux tourner à l'Orient sa face.

Sonetos

I

Ronsard, si tu soubeste pelo mundo vasto
Espalhar a amizade, a doçura, a nobreza,
Os favores, o tédio, o lazer, a crueza,
E de ti e Cassandra o amor mais lindo e casto,

Não desejo, à porfia, exaltar sua sobrinha,
Voltando a celebrar o que tu já cantaste,
Apenas comparar belezas em contraste,
E teus fogos aos meus, e tua cinza à minha.

Eu não posso dizer, como tu, com talento,
Abandono o saber, enfrento o argumento
Que da escrita incrementa ou enfraquece a graça.

Sirvo a aurora que nasce, e tu o poente ousado,
Quando do Oceano o adultério obstinado
Jamais quer ao Oriente expor a sua face.

II

Nous ferons, ma Diane, un jardin fructueux:
J'en serai laboureur, vous, dame et gardienne.
Vous donnerez le champ, je fournirai la peine,
Afin que son honneur soit commun à nous deux.

Les fleurs dont ce parterre éjouira nos yeux
Seront vert-florissant, leurs sujets sont la graine,
Mes yeux l'arroseront et seront sa fontaine,
Il aura pour zéphirs mes soupirs amoureux;

Vous y verrez mêlés mille beautés écloses,
Soucis, oeillets et lys, sans épines les rosres,
Ancolie et pensée, et pourrez y choisir

Fruits sucrés de durée, après des fleurs d'attente,
Et puis nous partirons à votre choix la rente:
A moi toute la peine, et à vous le plaisir.

II

Nós faremos, Diana, um jardim frutuoso:
Eu serei o cultor, tu, senhora e guardiã.
Fornecerás o campo, eu darei o afã,
Para que de nós dois seja o usufruto honroso.

Cada flor que nos vai dar à vista mil gozos
Será verde-florente, e prenhe de sementes,
Meus prantos vão regá-lo como águas correntes,
Por zéfiros terá meus suspiros ansiosos;

Verás juntas ali mil florinhas formosas,
Cravos, lírios, lilás, e sem espinhos rosas,
Ancólia e violeta, e poderás colher

Frutas doces do tempo, após flores de esperas,
E vamos repartir a renda como queiras:
Toda a dor para mim, para ti o prazer.

16 – PHILIPPE DESPORTES (1546-1606)

Biografia

Philippe Desportes nasceu em Chartres, em 1546. Foi favorito de dois reis da França e oficial da corte dos Valois, o que lhe proporcionou uma vida fácil e cheia de honrarias.

Aos vinte anos de idade, morando em Roma, leu os poetas italianos e os tomou como mestres de sua própria produção literária. Foi amigo de Ronsard e de Baïf. Desportes soube tirar proveito de uma situação intermediária entre a Santa Liga, organização católica que era chefiada pelo duque de Guise, com o apoio do rei da Espanha, e Henrique de Navarra, protestante, que só abjurou quando ia assumir o trono da França, para fazer fortuna. Foi abade comanditário de quatro abadias, e terminou a vida como epicurista, entre seus amigos e livros. Foi, portanto, um homem de sucesso na literatura, na política e nas finanças.

Épigramme

Je t'apporte, ô sommeil, du vin de quatre années,
Du lait, des pavots noirs aux têtes couronnées;
Veuille tes ailirons en ce lieu déployer,
Tant qu'Alison la vieille accroupie au foyer,
Qui d'un pouce retors et d'une dent mouillée,
Sa quenouille chargée a quasi dépouillée,
Laisse choir le fuseau, cesse de babiller,
Et de toute la nuit ne se puisse éveiller;
Afin qu'à mon plaisir j'embrasse ma rebelle,
L'amoureuse Isabeau qui soupire auprès d'elle.

Epigrama

Ó sono, aqui te trago o vinho de quatro anos,
Leite, papoulas negras, frontes coroadas;
Tuas pétalas abre aqui nestes arcanos,
Como Álison a velha em seu lar agachada,
Que com dedo inseguro e com dente molhado
Já quase despojou seu fuso carregado,
Deixa cair a roca e pára de falar,
E pela noite toda não possa acordar;
Para que a meu prazer beije quem se rebela,
A amorosa Isabel que suspira ao pé dela.

Marchands qui recherchez tout le riivage More
Du froid Septentrion et qui, sans reposer,
À cent mille dangers vous allez exposer
Pour un grain incertain, qui vos esprits dévore,

Venez seulement voir la beauté que j'adore,
Et par quelle richesse elle a su m'attiser:
Et je suis sûr qu'après vous ne pourrez priser
Le plus rare trésor dont l'Afrique se dore.

Voyez les filets d'or de ce chef blondissant,
L'éclat de ces rubis, ce corail rougissant,
Ce cristal, cet ébène et ces grâces divines,

Cet argent, cet ivoire: et ne vous contentez
Qu'on ne vous montre encore mille autres raretés,
Mille beaux diaments et mille perles fines.

Mercadores que andais por toda a costa Moura
Do frio Setentrião e que, sem descansar,
Sempre perigos mil estais a enfrentar
Por um incerto grão que a mente vos devora.

Vinde a beleza ver a que minha alma adora,
E as riquezas com que ela soube me atiçar:
E sei que depois disso não podeis prezar
O tesouro invulgar com que a África se doura.

Vede os filetes de ouro em cabeça lourente,
O brilho dos rubis, esse coral rubente,
Esse ébano, o cristal, e essas graças divinas,

Essa prata, o marfim; e estar fartos não vades
Que ainda hão de mostrar-vos outras raridades,
Lindos diamantes mil, e mil pérolas finas.

LXXV

Sommeil, paisible fils de la Nuit solitaire,
Père alme nourricier de tous les animaux,
Enchanteur gracieux, doux oubli de nos maux,
Et des esprits blessés l'appareil saultaire:

Dieu favorable à tous, pourquoi m'es-tu contraire?
Pourquoi suis-je tout seul rechargé de travaux
Or' que l'humide nuit guide ses noirs chevaux
Et que chacun jouit de ta grâce ordinaire?

Ton silence où est-il? ton repos et ta paix,
Et ces songes volants comme un nuage épais,
Qui des ondes d'Oublie vont lavant nos pensées?

Ô frère de la Mort que tu m'es ennemi!
Je t'invoque au secours, mais tu es endormi,
Et j'ards toujours veillant en tes horreurs glacées.

LXXV

Sono, filho de paz da Noite solitária,
Almo pai provedor até dos animais,
Gracioso encantador, doce olvido dos ais,
E das mentes em dor remédio saultar:

Deus pródigo em mercês, por que me és contrário?
Por que estou tão sozinho ao peso dos trabalhos
Enquanto a úmida noite avança os seus cavalos
Negros e cada um tem teu favor diário?

Teu silêncio, onde está? e teu repouso e paz,
E os sonhos a voar como nuvem fugaz,
Que com ondas de Olvido vão lavando as mentes?

Por que, ó irmão da Morte, és tu meu oponente!
Chamo-te em meu socorro, estás adormecido,
E ardo, velando sempre, em teus medos transido.

BIBLIOGRAFIA

1. SOBRE A RENASCENÇA

FAURE, Paul, *La Renaissance*, Paris, PUF (Que sais-je), 5.ª ed., 1969.

2. OBRAS SOBRE A LITERATURA E A POESIA DA RENASCENÇA

DUBOIS, Claude Gilbert, *La Poésie du XVIe siècle en toutes lettres*, Paris, Bordas, 1989.
WEBER, Henri, *La création poétique au XVIe siècle en France*, Paris, Nizet, 1994.
SAULNIER, V.-L., *La Littérature Française de la Renaissance*, Paris, PUF (Que sais-je), 3.ª ed., 1953.

3. POETAS DA RENASCENÇA (biografias, bibliografias, textos, poemas, antologias, traduções etc.)

ROUBICHOU, Antoinette (apresentado e comentado por), *Maurice Scève et l'École Lyonnaise*, Paris, Bordas, 1973.
LOUISE LABÉ, *Oeuvres complètes*, Paris, Flammarion, 1986.
M. ALLEM, *Anthologie Poétique française – XVIe siècle*, vols. 1 e 2, Paris, Garnier-Flammarion, 1995.
DU BELLAY, Joachim, *Les Regrets, Le Antiquités de Rome* (org. S. de Sacy), Paris, NRF, Poésie/Gallimard, 1967.
Divers Jeux rustiques, Paris, NRF, Poésie/Gallimard, 1996.
RONSARD, Pierre, *Les Amours* (ed. apr. por Françoise Joukovsky), Paris, NRF, Poésie/Gallimard, 1964, 1974.

SEGHERS, Pierre, *Le Livre d'or de la poésie française des origines à 1940*, Paris, Marabou-Université, s/d.

4. OBRAS SOBRE TRADUÇÃO

BERMAN, Antoine *et al.*, *Les Tours de Babel*, Mauvezin, Trans-Europ-Repress, 1985.

BERMAN, Antoine, *Pour une Critique des Traductions: John Donne*, Paris, Gallimard, 1995.

LARANJEIRA, Mário, *Poética da Tradução*, São Paulo, Edusp, 1993.

MESCHONNIC, Henri, *Poétique du traduire*, Lagrasse, Verdier, 1999.

MOUNIN, Georges, *Linguistique et traduction*, Bruxelles, Dessart et Mardaga, 1976.